Vente du 15 avril 1891

(SALLES SILVESTRE, A 8 HEURES DU SOIR)

CATALOGUE

DE

LIVRES EN NOMBRE

DE DIVERS ÉDITEURS

Adenès Li Rois. Li Rouman de Cléomadès. — Bastard d'Estang. Les Parlements. — Abbé Bernard, St-Denys de Paris. — Buchez. Traité de politique. — Castillon. Hist. du Comté de Foix. — Chastellain. Chroniques. — Daru. Hist. de la République de Venise. — Delley de Blancmesnil. La Salle des Croisades. — Dugald Stewart. Philosophie. — Dupont. Hist. de l'Imprimerie. — Hatin. Hist. de la Presse. — Jehan Le Bel. Li Ars d'Amour. — Lefébvre. Hist. des Cabinets de l'Europe. — Riancey. Hist. de l'Instruction publique. — Vecellio. Costumes. — Les Grands Edifices de Pise. — Paris dans sa splendeur. — Le Monasticon Gallicanum, etc.

PARIS

EM. PAUL, L. HUARD ET GUILLEMIN

LIBRAIRES DE LA BIBLIOTHÈQUE NATIONALE

SUCCESSEURS DE MM. LABITTE, ÉM. PAUL ET Cie

28, RUE DES BONS-ENFANTS, 28

1891

LA VENTE AURA LIEU

Le mercredi 15 Avril 1891

à huit heures précises du soir

Dans les Salles de Ventes aux Enchères

DE

LA LIBRAIRIE ÉM. PAUL, L. HUARD & GUILLEMIN

28, RUE DES BONS-ENFANTS

SALLE N° 1

Par le Ministère de M⁰ BOULLAND, Commissaire-Priseur

26, RUE DES PETITS-CHAMPS

Assisté de

MM. EM. PAUL, L. HUARD & GUILLEMIN

Libraires de la Bibliothèque Nationale

CONDITIONS DE LA VENTE

La vente se fait expressément au comptant.

Les acquéreurs payeront 5 o/o en sus des enchères, applicables aux frais.

Il y aura exposition le jour de la vente, de 2 à 4 heures.

Les articles qui n'auront pu être donnés à l'acquéreur le jour de la vente seront livrables, 4, rue de Lille, dans les deux jours qui suivront l'adjudication, en échange d'une attestation signée de M⁰ Boulland.

Tous les ouvrages sont complets et généralement en très bon état, sauf quelques-uns dont la brochure et la couverture sont fatigués.

Les nombres devront être vérifiés sur place : une fois sortis soit de la salle de vente, soit des magasins, aucune réclamation ne sera admise.

Les libraires chargés de la vente rempliront les commissions des personnes qui ne pourraient y assister.

CATALOGUE

DE

LIVRES EN NOMBRE

1. ADNÈS LI ROIS. Li Rouman de Cléomadès, publié d'après le manuscrit de la biblioth. de l'Arsenal, par Van Hasselt. *Bruxelles*, 1865, 2 vol. in-8, br.

    35 exemplaires.

2. ADENÈS LI ROIS. Buèves de Commarchis. Chanson de geste, publiée et annotée par Scheler. *Bruxelles,* 1874, in-8, br.

    19 exemplaires.

3. ASSIER. — Napoléon Ier à l'Ecole militaire royale de Brienne. *Paris, Aubry*, 1874, in-8, br.

    9 exemplaires.

4. ASSIER (Alex.). — Les historiens de la Champagne et de la Brie. *Paris, Aubry*, 1876, in-8, br.

    13 exemplaires.

5. AUBER (l'abbé). — Table du *Bulletin monumental* publié par la Société française pour la conservation des monuments. Table générale analytique et raisonnée des dix volumes formant la seconde série (Tomes XI à XX) de la collect. *Paris, Didron*, 1861, in-8, br.

    6 exemplaires.

6. AVENIR DE LA FRANCE. — Problème de l'avenir de la France résolu par le passé et le présent. *Bruxelles*, 1872, in-8, br.

    14 exemplaires.

7. Balch (Thomas). — Les Français en Amérique pendant la guerre de l'Indépendance. *Paris, Sauton*, 1872, in-8, orné d'un portr. de Rochambeau et d'une carte en couleurs, br.

15 exemplaires.

8. Bastard d'Estang (Le comte). — Les Parlements en France. *Paris, Didier*, 2 forts vol. in-8, ornés des blasons des premiers présidents de Paris et de Toulouse, br.

33 exemplaires.

9. Bastars de Buillion (Li). — Poëme du XIVe siècle, d'après le manuscrit unique de la Bibliothèque Nationale, publié par Aug. Scheler. *Bruxelles*, 1877, in-8, br.

21 exemplaires.

10. Baudry et Ballereau. — Puits funéraires gallo-romains du Bernard (Vendée). *La Roche-sur-Yon*, 1873, gr. in-8, orné de gravures, br.

5 exemplaires.

11. Beaufort (L. de). — Dissertation sur l'incertitude des cinq premiers siècles de l'histoire romaine. *Paris, Maillet*, 1866, in-8, br.

3 exemplaires.

12. Belleval (René de). — Lettres sur le Ponthieu. *Paris, Aubry*, 1873, in-18, br.

13 exemplaires.

13. Béreau (Jacques). — Œuvres poétiques avec préface, notes et glossaire, par J. Hovyn de Tranchère et Guyet. *Niort*, 1884. Pet. in-12 elzév., br.

3 exemplaires.

14. Bernard (L'abbé). — Les origines de l'Eglise de Paris. Établissement du Christianisme dans les Gaules. Saint Denys de Paris, *Paris, Jouby et Roger*, 1870. In-8 de VIII-557 pp. orné de planches, br.

256 exemplaires.

15. BERNARD (Aug.). — Geoffroy Tory, peintre et graveur, premier imprimeur royal, réformateur de l'orthographe et de la typographie sous François Ier. *Paris, Tross*, 1863, in-8, fig., br.

> 3 exemplaires.

16. BIBLIOTHECA BELGICA. — Catalogue général des principales publications belges depuis 1830 jusqu'à 1880. *Bruxelles*, 1861, in-8. br.

> 179 exemplaires.

17. BOILEAU et BROSSETTE. — Leur correspondance publiée par Aug. Laverdet, avec une introduction de Jules Janin. *Paris, Techener*, 1858, in-8, avec fac-similés et tableau généologique, br.

> 186 exemplaires.

18. BOISSONADE. — Tzetzæ allegoriæ Illiadis, accedunt Pselli allegoriæ. *Lutetiæ apud Dumont*, 1851, in-8, br.

> 62 exemplaires.

19. BONNASSIES (Jules). — La musique à la Comédie-Française. *Paris, Baur*, 1874, gr. in-8, br.

> 16 exemplaires.

20. BUCHEZ. — Traité de politique et de science sociale. *Paris, Amyot*, 1866, 2 vol. in-8, br.

> 53 exemplaires.

21. CASTAN (l'abbé). — Les Origines du Christianisme d'après la critique rationaliste contemporaine. *Paris, Jouby et Roger*, 1868, in-8, br.

> 64 exemplaires.

22. CASTAN (l'abbé). — Les Origines du Christianisme d'après la tradition catholique. *Paris, Jouby et Roger*, 1868, in-8 br.

> 71 exemplaires.

23. CASTAN (l'abbé). — Du Progrès dans ses rapports avec l'Eglise. *Paris, Jouby et Roger*, 1868, in-8, br.

> 62 exemplaires.

24. CASTANET. — Les Muses d'Auguste. *Avignon*, 1865, in-8, br.

> 36 exemplaires.

25. CASTERAS (P. de). — Histoire de la Révolution française dans le pays de Foix et dans l'Ariège. *Paris, Thorin*, 1876. gr. in-8, br.

> 4 exemplaires.

26. CASTILLON. — Histoire du Comté de Foix, depuis les temps les plus anciens jusqu'à nos jours, avec notes, chartes, titres, pièces justificatives, cartes, etc. *Toulouse*, 1852, 2 vol. gr. in-8, ornés de planches.

> 43 exemplaires.

27. CAVAGNIS (Mgr.). — Notions de droit public, naturel et ecclésiastique, trad. par l'abbé Duballet. *Rome*, 1887, in-8 raisin de XXIV-340 pag., broché.

> 23 exemplaires.

28. CAZET (l'abbé). — Généalogies des racines sémitiques. *Paris, Maisoneuve*, 1886, gr. in-8, br.

> 94 exemplaires.

29. CHAPEAUX DE CASTOR (Les). — Un paragraphe de leur histoire ; Curieux arrêt du parlement de 1634. *Paris, Académie des bibliophiles*, 1867.

> 18 exemplaires.

30. CHASTELLAIN. — Œuvres complètes publiées par le baron Kervyn de Lettenhove. *Bruxelles*, 1863, 8 vol. in-8, br.

> 24 exemplaires.

31. **CHATEAUBRIAND.** — Congrès de Vérone. Guerre d'Espagne. Négociations. *Paris, Delloye,* 1838, 2 vol. in-8, br.

  11 exemplaires.

32. **CHATEAUBRIAND.** — Voyage en Amérique. — Les Natchez. — Atala. — Les derniers des Abencerages. *Paris, Lécrivain,* 1862, in-8, orné de gravures.

  11 exemplaires.

33. **CHENNEVIÈRES (Ph. de).** — Essais sur l'organisation des arts en Province. *Paris, Dumoulin,* 1852, in-16, broché.

  23 exemplaires.

34. **CHRONIQUE** de maître Guillaume de Puylaurens sur la Guerre des Albigeois (1202-1272), trad. du latin avec une introduction et des notes par Ch. Lagarde, *Béziers,* 1864, in-12, broché.

  7 exemplaires.

35. **COCHERIS (Hip.).** — Table méthodique et analytique des articles du *Journal des Savants,* depuis sa réorganisation en 1816, jusqu'en 1858, *Paris, Durand,* 1860. Fort vol. in-4, br.

  17 exemplaires.

36. **COMMINES (Philip. de).** — Lettres et négociations accompagnées d'un commentaire historique et biographique par le baron Kervyn de Lettenhove, *Bruxelles,* 1867, 3 vol. in-8, br.

  9 exemplaires.

37. **CONDÉ (Beaudouin et Jean de).** — Dits et contes, publiés d'après les manuscrits de Bruxelles, Rome, Paris, etc., et accompagnés de notes et d'un glossaire par Aug. Scheler, *Bruxelles,* 1866, 3 vol. in-8, br.

  41 exemplaires.

38. CORNELIUS NEPOS. — Omnia opera quæ extant cum superiorum interpretum suisque animadversionibus edidit Van Straveren. Editio nova auctior, cura G.-H. Bardili. *Stuttgardiæ*, 1820. 2 forts vol. in-8, br.

5 exemplaires.

39. COTTEREAU (M). — Notions de Cosmographie. 2ᵉ édit. *Paris et Angers*, 1880, in-12, figures. br.

7 exemplaires.

40. COUR DE ROME (La) et l'empereur Maximilien. Rapports de la Cour de Rome avec le gouvernement Mexicain, accompagnés de 2 lettres de l'empereur Maximilien et de l'impératrice Charlotte. *Paris, Amyot*, 1867, in-8, br.

7 exemplaires.

41. DACIER. — Tableau historique de l'Erudition française. Progrès de l'histoire et de la littérature ancienne depuis 1789, précédé d'une notice par Silvestre de Sacy. *Paris, Ducrocq*, s. d. in-8, broché.

37 exemplaires.

42. DARU (Le comte). — Histoire de la République de Venise, précédée d'une notice sur la vie de l'auteur, par Viennet, de l'Académie française, *Paris, Didot*, 1853. 9 vol. in-8, br.

15 exemplaires.

43. DARU (Le comte). — La politique du gouvernement de la Défense nationale à Paris. *Paris, Germer-Baillière*, 1873. Fort vol. in-4. br.

5 exemplaires.

44. DAVESIÈS DE PONTÈS. — Etudes sur la peinture Vénitienne, publiées par Paul Lacroix, *Paris Amyot*, 1869, in-12.

49 exemplaires.

45. Davesiès de Pontès.— Etudes sur l'histoire de Paris, publiées par Paul Lacroix, *Paris, Amyot,* 1871, in-12.

37 exemplaires.

46. David (Le baron Jér.). — Actualités et souvenirs politiques, *Paris, Amyot,* 1874, gr. in-8, broché.

7 exemplaires.

47. Delley de Blancmesnil. — La Salle des Croisades au Musée de Versailles. *Paris, Delaroque,* 1866. in-4, br.

29 exemplaires.

48. Denys (L'abbé). — Le Palais des Tuileries en 1848, *Paris, Albanel,* 1869, in-12, br.

10 exemplaires.

49. Deric. — Histoire ecclésiastique de Bretagne. 2e édit. *Rennes,* 1847. 2 vol. in-4, carton. toile,

9 exemplaires.

50. Desmasures. — Histoire de la Révolution dans le département de l'Aisne. *Vervins,* 1869, in-8, broché.

22 exemplaires.

51. Dralet (C.). — Plan détaillé de topographie, suivie de la topographie du département du Gers. *Paris, an IX,* in-8, orné d'une carte br.

5 exemplaires.

52. Dralet. — Description des Pyrénées, avec cartes et tableaux. *Paris, Bertrand,* 1813, 2 vol. in-8, br.

5 exemplaires.

53. Duchenoud. — Recueil d'adages et de pensées détachés, empruntés la plupart aux langues orientales, *Paris, Challamel.* 1867, in-12, br.

9 exemplaires.

54. Dufaut (L'abbé). — La vérité sur le Pape Honorius, *Avignon*, 1870, in-12, broché.

122 exemplaires.

55. Dufaut (L'abbé A.). — Une déception ou réponse aux observations de Mgr l'évêque d'Orléans sur la controverse relative à l'infaillibilité du Pape, *Paris, Girard*, 1869, in-12, br.

152 exemplaires.

56. Dugald Steward. — Philosophie des facultés actives et morales de l'homme. Trad. de l'anglais par le Dr Simon, *Paris, Johanneau*, 1834, 2 vol. in-8, br.

13 exemplaires.

57. Dugué. — Homo, poème philosophique, *Paris, Daffis*, 1872, in-12 br.

15 exemplaires.

58. Dumont (Léon). — Le sentiment du gracieux, *Paris, Durand*, 1863, in-8, br.

6 exemplaires.

59. Dupont (Paul). — Histoire de l'Imprimerie, *Paris, Rouveyre*, s.-d. 2 forts vol. in-12, br.

16 exemplaires.

60. Du Tressay (L'abbé). — Histoire des moines et des évêques de Luçon, 2e édit., *Paris, Palmé*, s.-d., 3 vol. in-8 br.

5 exemplaires.

61. Empirique (L'). — Pamphlet historique de 1624 réédité par Louis Lacour. *Paris, Académie des bibliophiles*, 1867, in-18 tiré à 200 exemplaires.

15 exemplaires.

62. Eyries. — Simart, statuaire. Sa vie et son œuvre. *Paris, Didot*, fort vol. gr. in-8, portrait, broché.

4 exemplaires.

63. **Faugère.** -- Fragments de littérature morale et politique. *Paris, Hachette*, 1865, 2 vol. in-12, brochés.

   5 exemplaires.

64. **Firmin-Didot.** — Essai typographique et bibliographique sur l'histoire de la gravure sur bois. *Paris, Firmin-Didot*, 1863, in-8, br.

   14 exemplaires.

65. **Fleury** (Le baron de). — Le cheval de chasse et le cheval de service. *Paris, Amyot*, 1877, in-12, br.

   13 exemplaires.

66. **Franklin** (Alf.). — Etude historique et topographique sur le plan de Paris de 1540, dit Plan de Tapisserie. *Paris, Aubry.* 1869, in-8 écu, br.

   8 exemplaires.

67. **Frantin.** — Louis le Pieux et son siècle. *Paris, Pelissonnier,* 1839, 2 vol. in-8, avec carte.

   7 exemplaires.

68. **Garcin de Tassy.** — Mémoire sur les particularités de la religion musulmane dans l'Inde, d'après les ouvrages Hindoustanis, 2ᵉ édit. *Paris, Labitte*, 1869, in-8, br.

   7 exemplaires.

69. **Gladstone.** — Questions constitutionnelles (1873-1878). Le Trône et le Prince-Epoux; le Cabinet et la Constitution angl. Traduit par Albert Gigot. *Paris, Baillières*, 1880, in-8, br.

   4 exemplaires.

70. **Granget** (l'abbé). — Histoire du diocèse d'Avignon et des anciens diocèses dont il est formé. *Avignon*, 1862, 2 vol. in-8, br.

   2 exemplaires.

71. GREPPI (Le comte). — Révélations diplomati-
ques sur les relations de la Sardaigne avec
l'Autriche et la Russie pendant la première et la
deuxième Coalition. *Paris, Amyot*, 1859, in-8, br
8 exemplaires.

72. GUYON (C.). — Zoologie agricole. Traité d'é-
ducation des animaux domestiques, suivi de l'é-
ducation des abeilles et des vers à soie. *Toulouse*, s. d., in-12, br.
5 exemplaires.

73. HAMEL (Eug.). — Histoire des deux conspira-
tions du général Malet. Nouv. édit. revue. *Paris*,
1873, in-8, port. br.
3 exemplaires.

74. HATIN. — Histoire politique et littéraire de la
Presse en France. *Paris, Poulet-Malassis*, 1861
8 vol. in-12, br.
9 exemplaires.

75. HERVEY-SAINT-DENIS. — Histoire de la Révolution dans les Deux-Siciles, depuis 1793. *Paris,
Amyot*, 1856, in-8, br.
5 exemplaires.

76. HUGUENIN. — Suger et la Monarchie française
au XIIᵉ siècle. *Paris, Durand*, s. d., in-8, br.
12 exemplaires.

77. HYPERCRITIQUE. — Application de l'hypercritique du docteur Strauss. Une leçon au collège
de France en 2547. *Paris, Lecoffre*, 1847, in-8,
broché.
30 exemplaires.

78. JEHAN LE BEL. — Li Ars d'amour, de vertu et
de bonheurté, publié d'après le manuscrit de la
Bibliothèque Royale de Bruxelles, par J. Petit.
Bruxelles, 1867, 2 vol, in-8, br.
29 exemplaires.

79. **La Capelette.** — Questions capitales. Le droit, la liberté, etc. *Avignon*, 1874, in-8, br.

22 exemplaires.

80. **Lacombe** (Ch. de). — Le comte de Serre. Sa vie et son temps. *Paris, Didier*, 1881, 2 vol. in-12, br.

4 exemplaires.

81. **La Grange** (La marquise de). — La marquise d'Egmet ou une année de la vie d'une femme qui s'ennuie. *Paris, Poulet-Malassis*, 1862, in-12, broché.

6 exemplaires.

82. **Laigue** (de). — Les Familles françaises considérées sous le rapport de leurs prérogatives honorifiques héréditaires, recherches historiques sur l'origine de la Noblesse, les divers moyens de l'obtenir, etc. *Paris, Imprimerie royale*, 1818, in-8, br.

6 exemplaires.

83. **Lecoq** (Henri). — Etudes sur la géographie botanique de l'Europe, et en particulier sur la végétation du plateau central de la France. *Paris, J.-B. Ballière*, 1854, 9 vol. in-8, br.

16 exemplaires.

84. **Lecoq** (Henri). — Les époques géologiques de l'Auvergne. Ouvrage enrichi de 170 planches noires et coloriées. *Paris, Ballière et Fils*, 1867, 5 forts vol. gr. in-8, br.

3 exemplaires.

85. **Lefebvre** (Armand). — Histoire des Cabinets de l'Europe pendant le Consulat et l'Empire. *Paris, Amyot*, 1869-70, 5 vol. in-8, br.

52 exemplaires.

86. **Loiseau et Vergé**. — Loi sur la police de la chasse promulguée le 4 mai 1844, avec commentaire, notes, etc., et précédée d'une introduct. historique et suivie d'un résumé des ordonnannances en matière de louveterie. *Paris*, 1844, in-18, br.

34 exemplaires.

87. **Luzarche** (Victor). — La Chape de saint Maxime ou saint Mexme de Chinon. *Tours et Paris*, 1853, gr. in-8, grav. br.

8 exemplaires.

88. **Mably** (l'abbé de). — Observations sur l'Histoire de France. Nouv. édit., revue par Guizot. *Paris, Brière*, 1823, 3 vol. in-8.

3 exemplaires.

89. **Macé** (René). — Voyage de Charles-Quint par la France. Poëme historique de René Macé, poète du xvi⁰ siècle, publié avec introduction et notes par Gast. Raynaud. *Paris, Picard*, 1879, in-12, br.

3 exemplaires sur papier teinté.
2 exemplaires sur papier de Chine.

90. **Margeret** (Le Capitaine). — Etat de l'Empire de Russie et du grand-duché de Moscovie, avec ce qui s'est passé de plus mémorable et tragique pendant le règne des quatre empereurs (1590-1606). Nouvelle édit. précédée d'une notice biographique, par H. Chevreul. *Paris, Pottier*, 1855, in-8, br.

92 exemplaires.

91. **Marlès** (J. de). — Paris ancien et moderne, d'après ses monuments. *Paris, Parent-Desbarres*, s. d., 3 vol. in-4, br. (sans *atlas*).

24 exemplaires.

92. **Marseillaise obligatoire** (La) et la sainte guil-
lotine aux Sables d'Olonne. *Fontenay-le-Comte*,
1886, in-8, br.

    40 exemplaires.

93. **Marvaud** (F.). — Histoire des vicomtes et de
la vicomté de Limoges. *Paris, Dumoulin*, 1873,
2 vol. in-8, br.

    9 exemplaires.

94. **Massabie** (l'abbé). — Origine, histoire, statuts
des Pénitents du midi de la France, et plus par-
ticulièrement des Pénitents Bleus de Toulouse,
dits de Saint-Jérôme. *Toulouse*, 1879, in-12, br.

    5 exemplaires.

95. **Matter**. — Le mysticisme en France au temps
de Fénelon. 2ᵉ édit. *Paris, Didier*, 1863, in-12
de X-424 pp., br.

    253 exemplaires.

96. **Maulde** (R. de). — La condition forestière de
l'Orléanais au moyen âge et à la Renaissance.
Orléans, 1871, fort vol. in-8, br.

    8 exemplaires.

97. **Maulde** (R. de). — Anne de France, duchesse
de Bourbonnais et Louis XII. *Paris, Imprimerie
Nationale*, 1885, in-4, br.

    14 exemplaires.

98. **Mengaud** (Lucien). — Rosos et Pimpanélos.
Poésies languedociennes avec la traduction en
vers français en regard. 4ᵉ édit. *Toulouse*, 1866,
gr. in-8, br.

    11 exemplaires.

99. **Merode-Westerloo.** — Souvenirs du comte de Merode-Westerloo, *Paris, Dentu*, 1864, 2 vol. gr. in-8, br.

> 4 exemplaires.

100. **Monin (H.).** — Monuments des anciens idiomes gaulois. Texte et linguistique. *Paris, Durand*, 1861, in-8, br.

> 5 exemplaires.

101. **Montaiglon (A. de).** — Notice historique et bibliographique sur Jean Pèlerin, dit le Viateur, chanoine de Toul. *Paris, Tross*, 1861, in-8, planches, cartonné n. r.

> 26 exemplaires.

102. **Monuments** de la littérature romane publiés sous les auspices de l'Académie des Jeux Floraux, par Gatien-Arnoult. *Toulouse*, 1841, 3 vol. in-8, br.

> 21 exemplaires.

103. **Naudé (Maurice).** — Mauléon de Saint-Pair ou huit jours à Paris, il y a trente ans. *Paris, Dentu*, 1864, 2 vol. in-8, br.

> 7 exemplaires.

104. **Naudet.** — De la noblesse et des récompenses d'honneur chez les Romains. *Paris, Durand*, 1863, in-8, br.

> 18 exemplaires.

105. **Origenes Philosophumena,** sive Hæresium omnium confutatio, græce et latine ; opus e codice recensuit, latine vertit, variorum suisque instruxit prolegomenis et indicibus auxit patricius Cruice. *Paris, Imprimerie impériale,* 1860, fort vol. in-8, br.

> 41 exemplaires.

106. Partouneaux (T. de). — Conquête de la Lombardie par Charlemagne et des causes qui ont transformé en Italie la domination française en domination germanique sous Othon le Grand. *Paris, Renouard*, 1842, 2 vol, in-8, br.

152 exemplaires.

107. Pascal (l'abbé). — Notice sur la paroisse de Saint-Nicolas-des-Champs, à Paris. Origine, historique, etc. *Paris, Lagny*, 1841, in-8, br.

28 exemplaires.

108. Paul de Vendée, capitaine huguenot (1611-1623). Son journal publié avec notes, par l'abbé Benoni-Drochon. *Niort*, 1880, gr. in-8, br.

5 exemplaires.

109. Paulet (L.). — Recherches historiques sur Pierre l'Hermite et les Croisades. *Paris, Renouard*, 1856, in-8, br.

22 exemplaires.

110. Peigné Delacourt. — Supplément aux recherches sur le lieu de la bataille d'Attila en 451. *Troyes*, 1866, in-4, br.

35 exemplaires.

111. Philostrate. — La Gymnastique. Ouvrage découvert et trad. du grec par Mynos. *Paris et Londres*, 1858, in-8, contenant le texte grec et la traduction française, br.

106 exemplaires.

112. Phœnix Ille. — Les 95 thèses de Luther contre les indulgences, réimprimées d'après l'original latin et entièrement translatées en français pour la première fois par un bibliophile. *Académie des bibliophiles*, 1837, gr. in-8, br.

42 exemplaires.

113. PIÉRART. — Le Drame de Waterloo. Grande restitution historique. Rectifications, justifications, réfutations, etc., sur la campagne de 1815, avec le plan des lieux, etc. *Paris, Ferroud*, 1887, in-12, br.

4 exemplaires.

114. PIÉRART. — La grande épopée de l'An II. — Souvenirs, rapprochements, rectifications et faits inédits. *Paris, Ferroud*, 1887, in-12, carte, broché.

25 exemplaires.

115. PIÉRART. — Les batailles de la Marne en novembre et décembre 1870. *Paris*, 1876, in-8, broché.

15 exemplaires.

116. PIRON (Alexis). — Lettres inédites à l'abbé Dumay, publiées par Clément-Janin. *Dijon*, 1883, in-8, br.

7 exemplaires.

117. POIRIER DE BEAUVAIS (le général). — Mémoires intéressants, véridiques et impartiaux sur la Guerre de la Vendée. *Niort*, 1887, in-8, br.

8 exemplaires.

118. POIRSON PRUGNEAU. — Le Jeu de Dames. Traité complet avec l'indication de 4,008 coups avec leur position et solution, etc. *Paris, Mezin*, 1856, gr. in-8, br.

6 exemplaires.

119. POLOGNE (La) et la diplomatie. Recueil de documents officiels, etc. *Paris, Dentu*, 1863, in-8, br.

8 exemplaires.

120. Potvin (Ch.). — Bibliographie de Chrestien de Troyes. Comparaison des manuscrits de Perceval le Gallois. *Paris, Frank*, 1863, in-8, br.

6 exemplaires.

121. Quarante Jours de Régence. *Paris, Dentu*, 1865, gr. in-8, br.

8 exemplaires.

122. Quatremère. — Mélanges d'histoire et de philologie orientale précédés d'une notice, par Barthélemy Saint-Hilaire. *Paris, Ducrocq*, in-8, portraits, br.

15 exemplaires.

123. Renouvier (J.). — Des gravures sur bois dans les livres de Simon Vostre, avec avant-propos, par G. Duplessis. *Paris, Aubry*, 1862, in-8, orné de grav.

21 exemplaires.

124. Réthoré. — Condillac ou l'Empirisme et le Rationalisme. *Paris, Durand*, 1864, in-8, br.

387 exemplaires.

125. Réthoré (F.). — Critique de la philosophie de Thomas Brown. *Paris, Durand*, 1863, in-8, broché.

183 exemplaires.

126. Rey. — Les colonies franques de Syrie aux XIIe et XIIIe siècles *Paris, Picard*, 1883, in-8, plans et vignettes, br.

18 exemplaires.

127. Riancey (H. de). — Histoire critique et législative de l'Instruction publique et de la Liberté d'enseignement en France, depuis les temps les plus reculés jusqu'à nos jours. *Paris, Sagnier et Bray*, 1844, 2 vol. in 8, br.

17 exemplaires.

128. RIGOLLOT. — Histoire des Arts du Dessin, depuis l'époque romaine jusqu'à la fin du seizième siècle. *Paris, Dumoulin*, 1864, 2 forts vol. in-8, br. et un atlas de 58 pl. en carton.

2 exemplaires.

129. ROBERT (Léon). — Molière en province. *Niort*, 1869, in-8 raisin, br.

9 exemplaires.

130. ROPARTZ. — La Journée des barricades et la Ligue à Rennes (mars et avril 1589). *Rennes*, 1877, in-12, br.

5 exemplaires.

131. ROULLEAUX (Eug.). — Les Armoricaines, Iambes et poëmes divers. *Paris, Dentu*, 1883, In-8, br.

4 exemplaires.

132. ROUSSEAU (l'abbé). — Glossaire Poitevin. 2ᵉ édit. *Niort*, 1869, gr. in-8, br.

8 exemplaires.

133. ROZIÈRE ET CHATEL. — Table générale et méthodique des Mémoires contenus dans les Recueils de l'Académie des Inscriptions et Belles-Lettres et de l'Académie des Sciences morales et politiques. *Paris, Durand*, 1856, fort vol. in-4 de XXVII-383 pp., br.

25 exemplaires.

134. SAINTE-BEUVE (Jacques de), docteur de la Sorbonne et professeur royal. Etude d'histoire privée, contenant des détails inconnus sur le premier Jansénisme. *Paris, Durand*, 1865, in-8, broché.

43 exemplaires.

135. Saint-Genis (V. de). — L'ennemi héréditaire ;
les invasions germaniques en France ; l'Europe
délimitée par la Prusse. *Paris, Ghio*, 1877, fort
vol. in-12, cartes, br.

6 exemplaires.

136. Saint-Joanny. — Registre des délibérations
et ordonnances des marchands merciers de
Paris (1596-1696). *Paris, Willem*, 1878, in-8,
broché.

6 exemplaires.

137. Saulcy (F. de). — Etude chronologique des
livres d'Estras et de Néhémie, accompagnée
d'un tableau des faits dont la date est détermi-
née. *Paris, Lévy*, 1868, gr. in-8, br.

653 exemplaires.

138. Séances de Haïdari. — Récits historiques et
élégiaques sur la vie et la mort des principaux
martyrs musulmans. Ouvrage trad. de l'Hin-
doustani par l'abbé Bertrand, suivi de l'*Elégie de
Miskin*, trad. par Garcin de Tassy. *Paris, Du-
prât*, 1845, in-8, br.

128 exemplaires.

139. Serres (Marcel de). — De la Cosmogonie de
Moïse, comparée aux faits géologiques. 3ᵉ édit
Paris, 1860, 2 vol. in-8, br.

23 exemplaires.

140. Serres (Marcel de). — De la Création de la
terre et des Corps célestes. *Paris, Lagny*, 1843,
in-8, br.

58 exemplaires.

141. SIMON (l'abbé). — L'Etoile du Salut. *Paris*, 1873, in-8, de 440 pp., br.

91 exemplaires.

742. SOUPÉ (A.-Ph.). — Précis de rhétorique et de littérature, avec notices sur les auteurs classiques français, *Paris*, *Dezobry*, in-12, br.

19 exemplaires.

143. TANON. — Registre criminel de la justice de Saint-Martin-des-Champs, à Paris, au quatorzième siècle, d'après le manuscrit des Archives nationales, précédé d'une étude sur la juridiction des religieux de Saint-Martin (1060-1674). *Paris*, *Willem*, 1877, in-8, br.

9 exemplaires.

144. TOUFLET (G.). — Onomastique de la Gaule sceltane. Cæsar. *Rouen*, 1884, in-8, br.

6 exemplaires.

145. TOUFLET (G.). — Epigraphie de la Gaule sceltane. Marcellus. *Rouen*, 1883, gr. in-8, br.

4 exemplaires.

146. VARRÉUX (C. de). — Le siège de Châtres (aujourd'hui Arpajon). Histoire du quatorzième siècle. *Paris*, *Librairie générale*, in-12, br.

19 exemplaires.

147. VECELLIO (César). — Costumes anciens et modernes. *Paris*, *Firmin-Didot*, 1860, 2 vol. in-8, fig., br.

23 exemplaires.

148. WATRIQUET DE COUVIN. — Dits, publiés pour la première fois d'après les manuscrits de Paris et de Bruxelles, accompagnés de notes et variantes, par Aug. Scheler. *Bruxelles*, 1868, in-8, broché.

   23 exemplaires.

149. WEILL (Alexandre). — Le livre des rois. *Paris, Dentu*, 1852, in-8, br.

   6 exemplaires.

150. WIART. — Du principe de la morale envisagée comme science. *Paris, Durand*, 1862, in-8, br.

   102 exemplaires.

---

151. LES GRANDS ÉDIFICES DE PISE. — Dome, Baptistère, Campo-Santo, Tour Penchée. etc., 40 gravures tirées avec les cuivres originaux du *Theatrum Basiliræ Pisanæ*. Texte extrait de Martini, avec notes par Lejeal. *Paris, Lévy*, 1878, in-fol. en feuilles pliées.

   20 exemplaires.

152. PARIS DANS SA SPLENDEUR. — Monuments, vues pittoresques, scènes historiques, descriptions, histoires, etc. *Paris et Nantes, Charpentier*, 3 vol. in-folio enrichis de 100 grandes planches hors texte et de nombreuses vignettes dans le texte, en 50 livraisons.

   26 exemplaires.

153. MONASTICON GALLICANUM. — Collection de 168 planches de vues topographiques représentant les monastères de l'Ordre de Saint-Benoît, Congrégation de Saint-Maur, reproduites par les soins de M. Peigné-Delacourt.

   Ce numéro comprend environ huit mille épreuves des diverses vues tirées en nombre tout à fait inégal, et sur différentes sortes de papier, et les 168 planches en cuivre gravées.

PARIS

IMPRIMERIE DE LA VIE MODERNE

A. CHARLEMAGNE, imp.

14, rue Duperré, 14